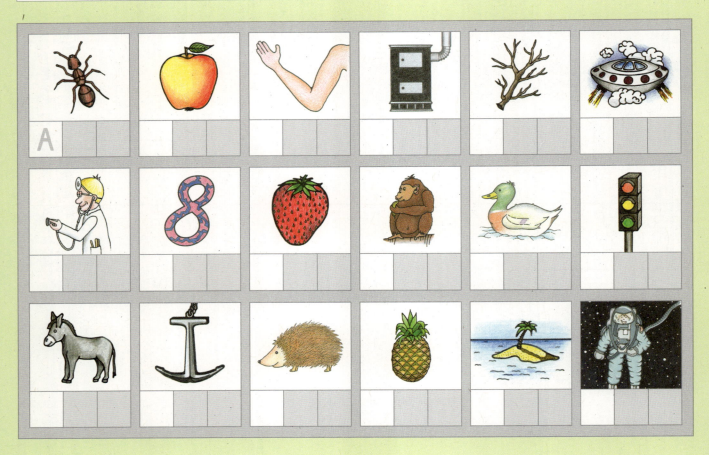

2

A A | A

a a | a

A a | A a

A a | A a

3

E E　　　　　　　　　　　　　　　　　　　　　　　E

e e　　　　　　　　　　　　　　　　　　　　　　　e

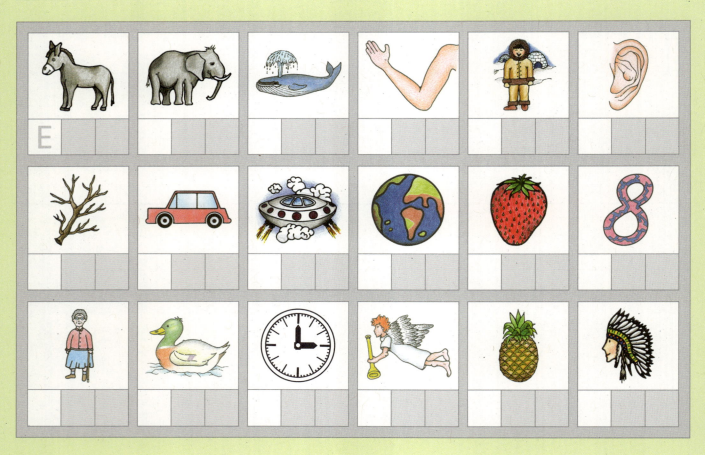

E e　　　　　　　　　　　　　　　　　　　　　　　E e

4

E E

e e

Ee Ee

Ee Ee

5

M M　　　　　　　　　　　　　　　　　　　　　M

m m　　　　　　　　　　　　　　　　　　　　　m

M m　　　　　　　　　　　　　　　　　　　　M m

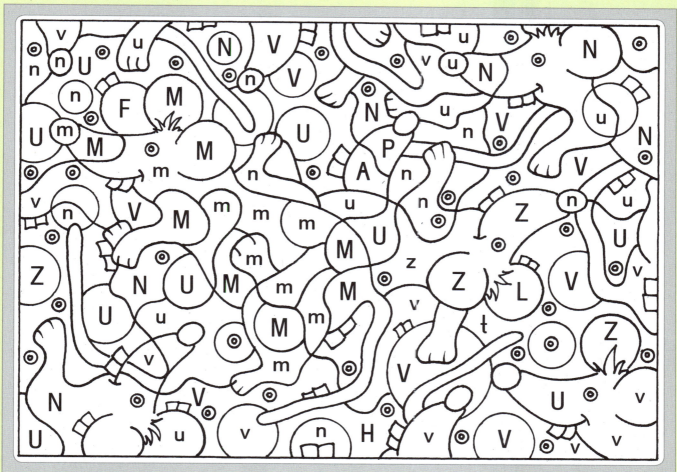

M M   M

m m   m

M m   M m

Mama   Mama

7

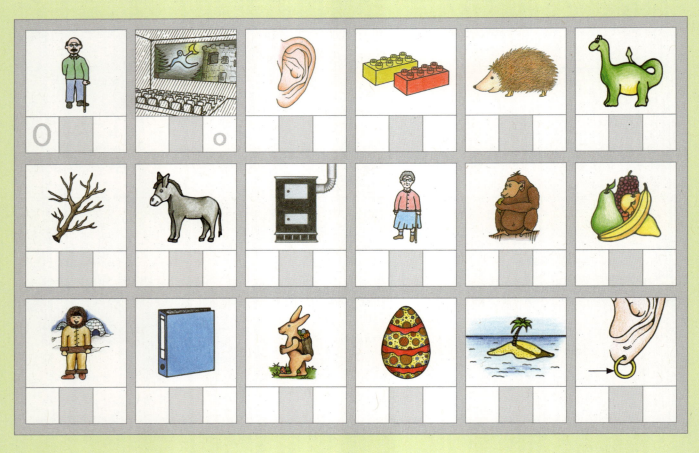

O o

o o

O o

Oma   Oma

9

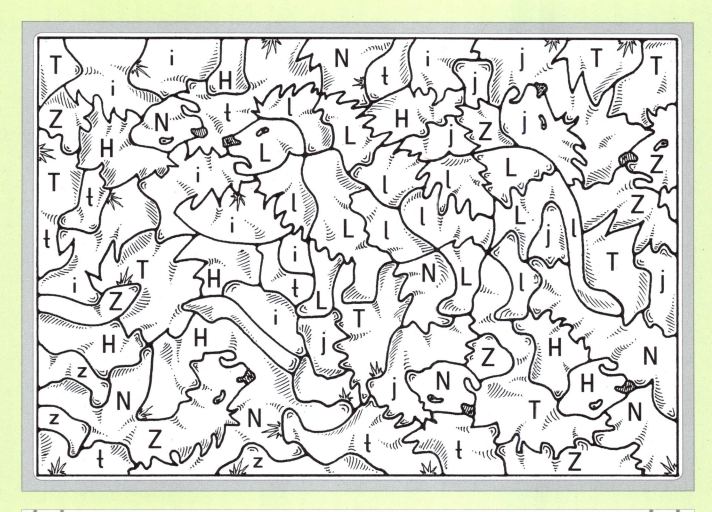

Ll　　　　　　　　　　　　　　　　　　　　　　　　　Ll

Ll　　　　　　　　　　　　　　　　　　　　　　　　　Ll

Lama　　　　　　　　　　　　　　　　　　　　　　Lama

Lamm　　　　　　　　　　　　　　　　　　　　　　Lamm

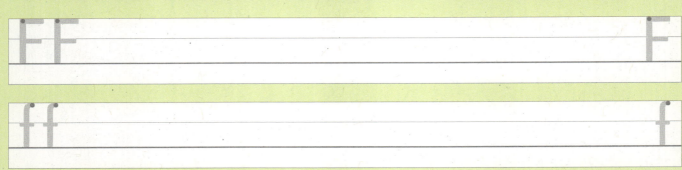
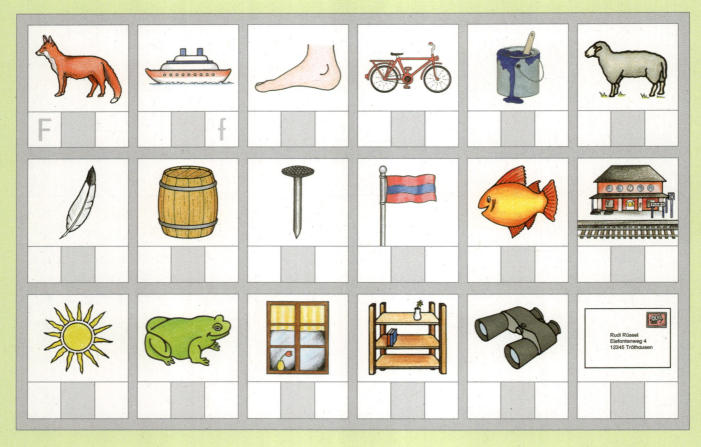

12

Ff Ff

Fee Fee

Falle Falle

Affe Affe

S s

S s

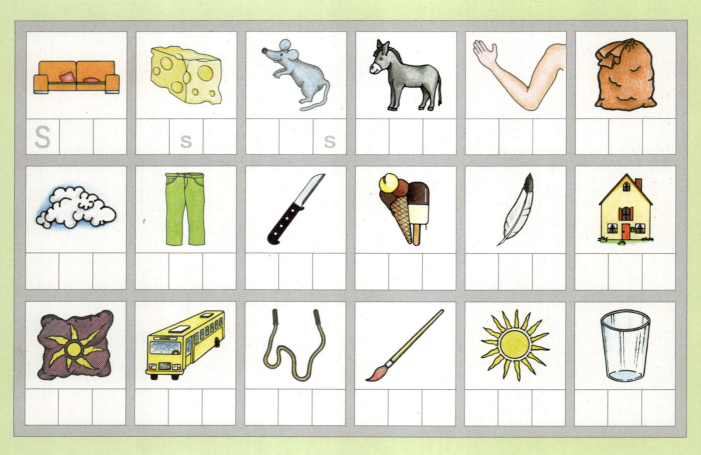

S s   S s

14

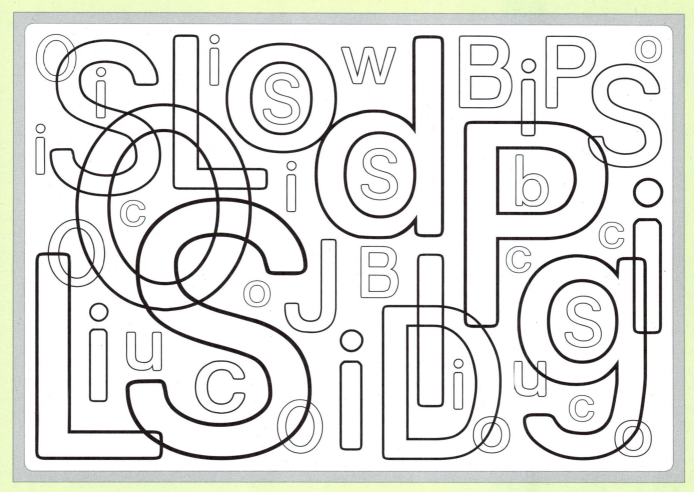

S s — S s

Sofa — Sofa

Sessel — Sessel

Esel — Esel

Fass — Fass

15

N N   N

n n   n

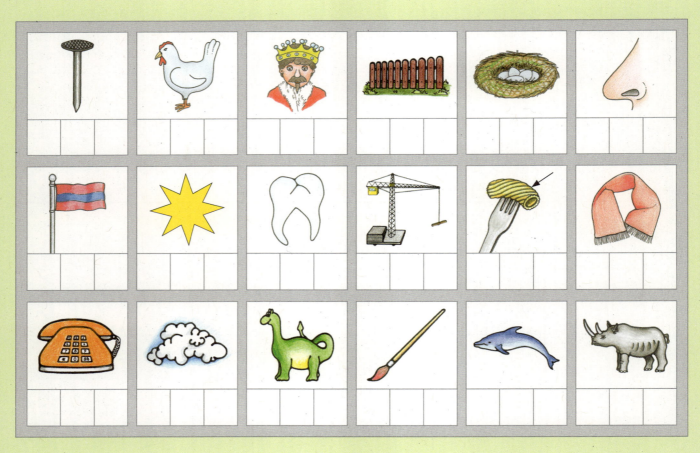

Nn   Nn

16

N n   N n

🦢 Nase   Nase

🔲 Ofen   Ofen

👨 Mann   Mann

☀ Sonne   Sonne

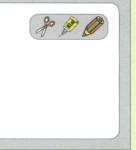

17

Tt   Tt

Tafel   Tafel

Tasse   Tasse

Ente   Ente

Foto   Foto

19

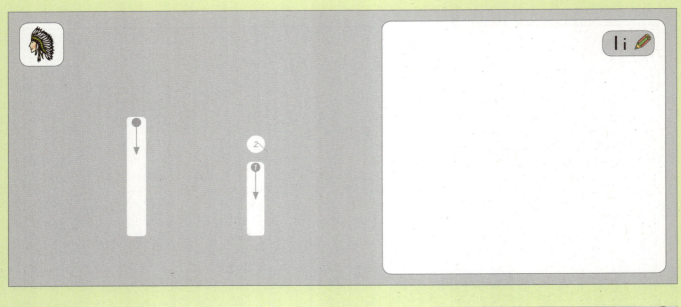

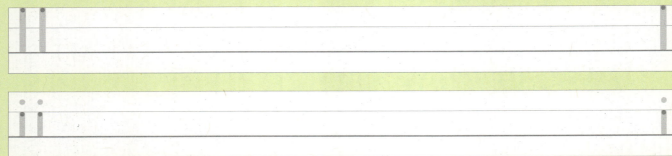

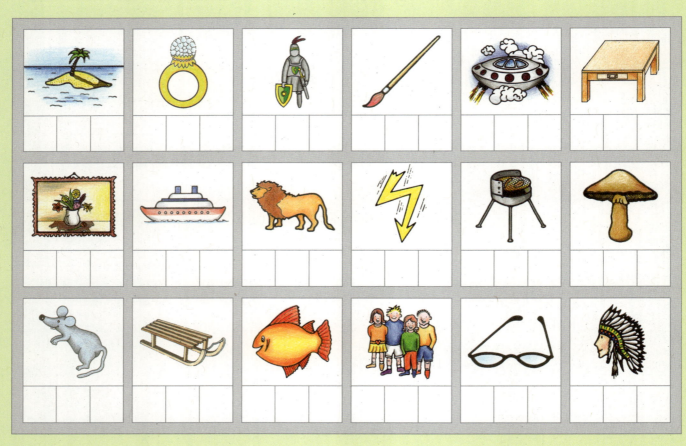

20

Ii | Ii

Insel | Insel

Tinte | Tinte

Limo | Limo

Lineal | Lineal

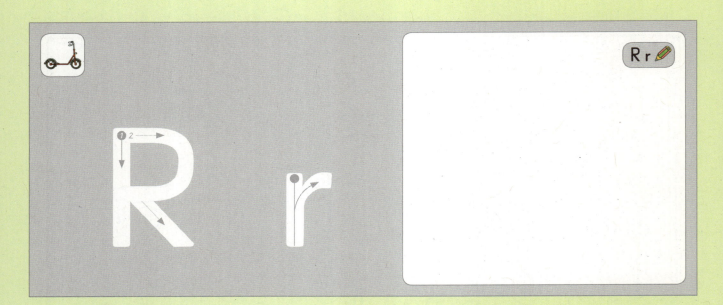

R R   R

r r   r

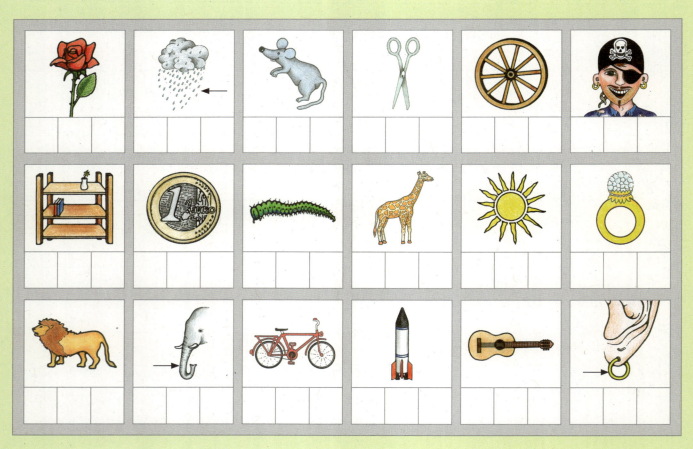

R r   R r

22

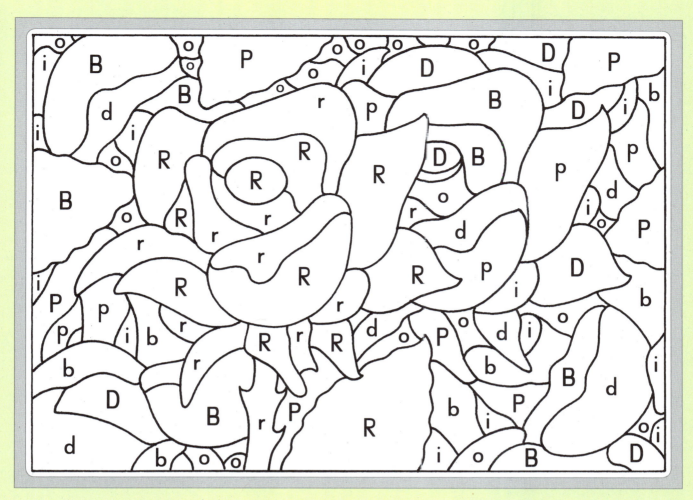

Rr Rr

Rose Rose

Roller Roller

Tor Tor

Arm Arm

24

U u   U u

Ufo   Ufo

Unfall   Unfall

Nuss   Nuss

Fluss   Fluss

25

26

Kk — Kk

Kran — Kran

Kanu — Kanu

Keks — Keks

Krake — Krake

27

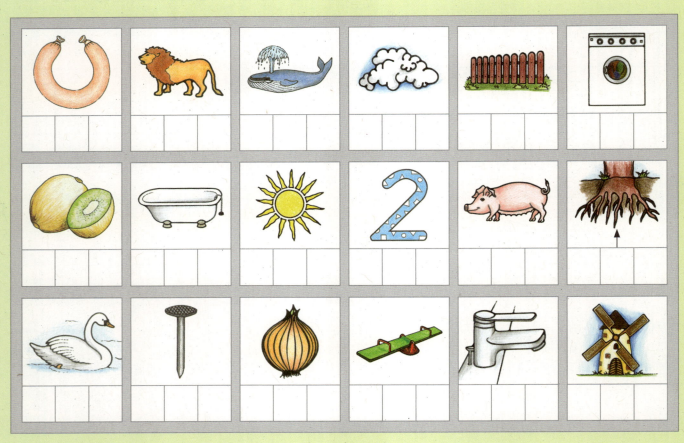

28

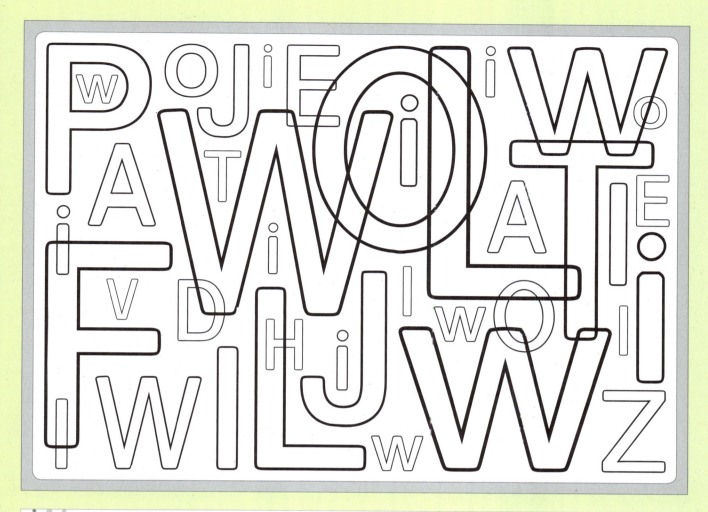

W w   W w

Wal   Wal

Welle   Welle

Wolle   Wolle

Wolke   Wolke

P P P

p p p

P p P p

30

Pp　　　　　　　　　　　　　　　　　　　　　　　　　　　　Pp

Pirat　　　　　　　　　　　　　　　　　　　　　　　　　　Pirat

Puppe　　　　　　　　　　　　　　　　　　　　　　　　　Puppe

Opa　　　　　　　　　　　　　　　　　　　　　　　　　　Opa

Kappe　　　　　　　　　　　　　　　　　　　　　　　　　Kappe

31

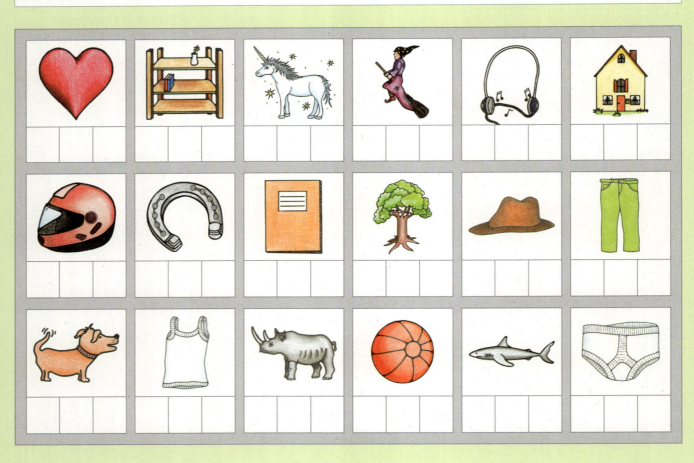

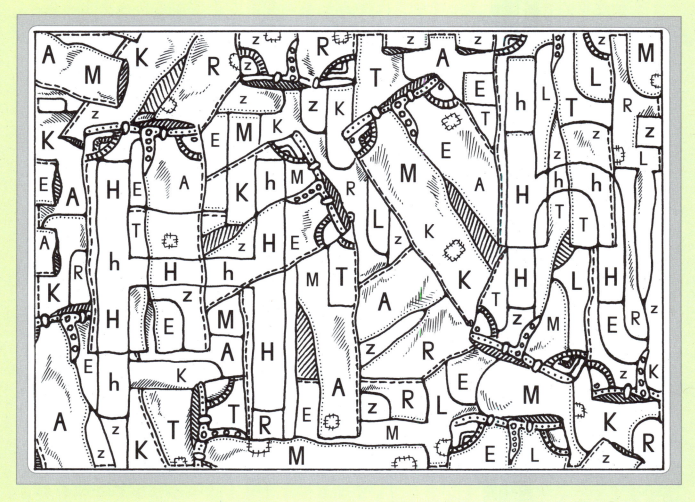

Hh Hh

Hut Hut

Heft Heft

Hose Hose

Nashorn Nashorn

Ei Ei Ei

ei ei ei

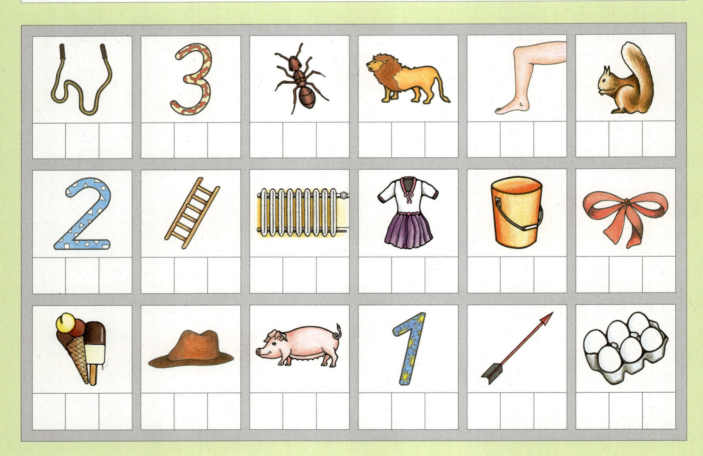

Ei ei Ei ei

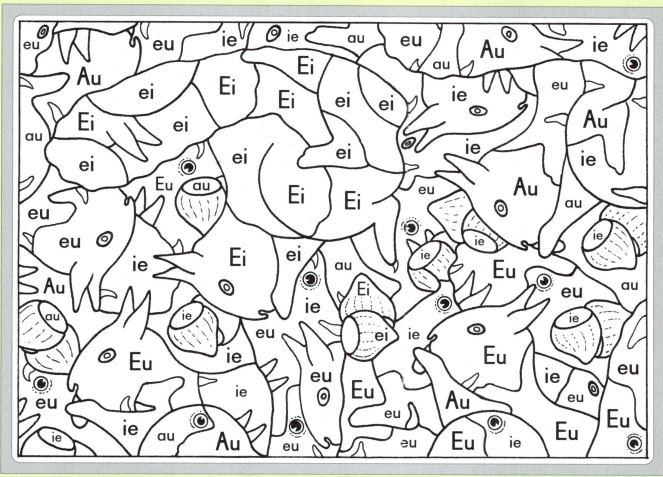

Ei ei — Ei ei

Eis — Eis

Eier — Eier

Kreis — Kreis

Preis — Preis

35

D D D

d d d

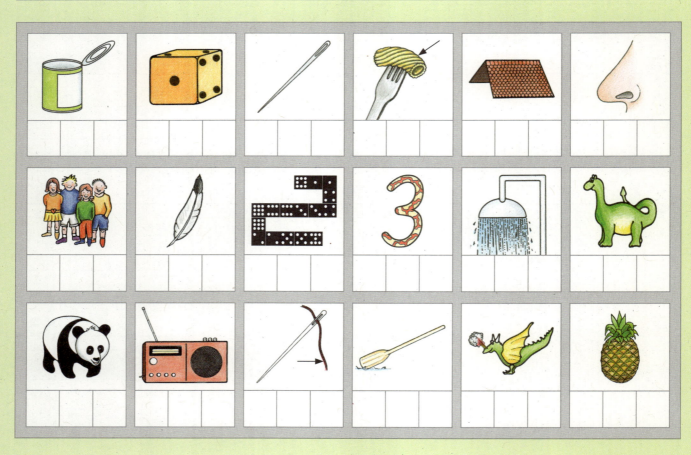

D d D d

36

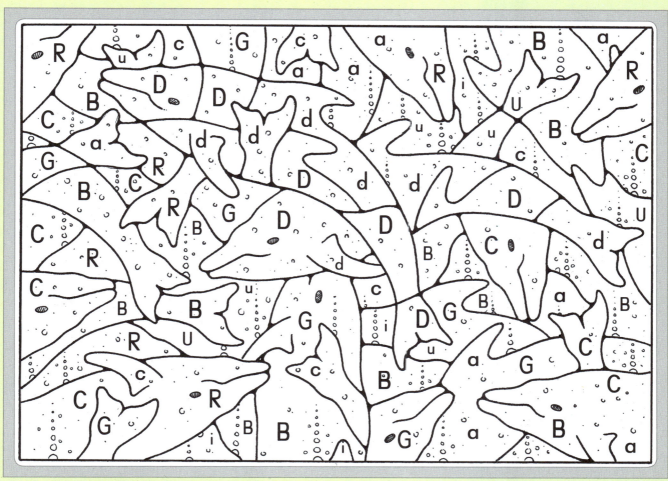

D d　　　　　　　　　　　　　　　　　　　　　　D d

Dino　　　　　　　　　　　　　　　　　　　　Dino

Dose　　　　　　　　　　　　　　　　　　　　Dose

Erde　　　　　　　　　　　　　　　　　　　　Erde

Kreide　　　　　　　　　　　　　　　　　　　Kreide

37

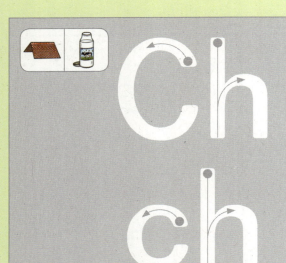

Ch Ch Ch

ch ch ch

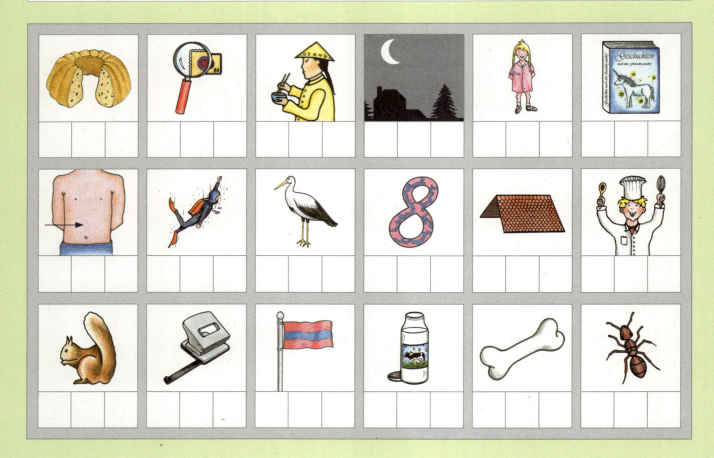

Ch ch Ch ch

38

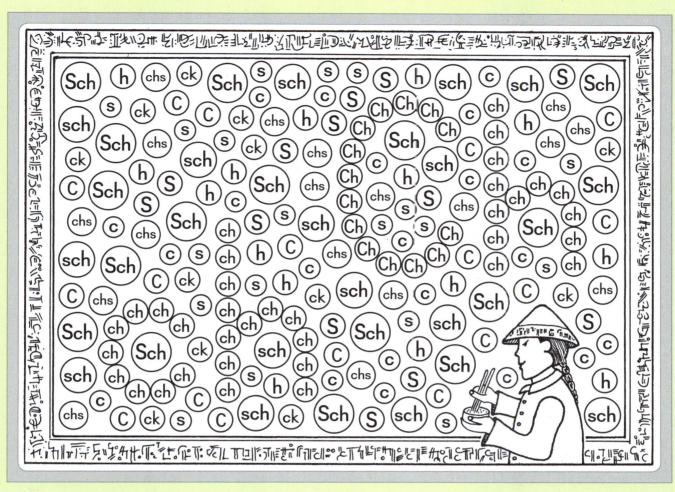

Ch ch　　　　　　　　　　　　　　　　　　　　　　　Ch ch

China　　　　　　　　　　　　　　　　　　　　　　　China

Milch　　　　　　　　　　　　　　　　　　　　　　　Milch

Dach　　　　　　　　　　　　　　　　　　　　　　　Dach

Loch　　　　　　　　　　　　　　　　　　　　　　　Loch

39

Au
au

Au au

Au Au   Au

au au   au

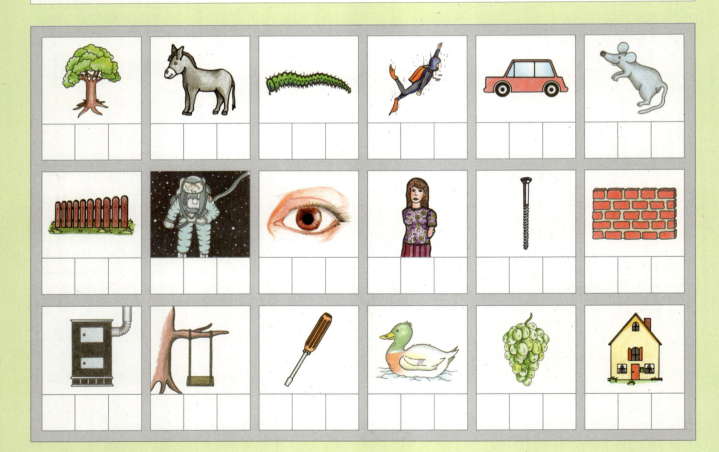

Au au   Au au

Au au   Au au

Auto   Auto

Sau   Sau

Haut   Haut

Maul   Maul

41

Zz

zz

Zz

42

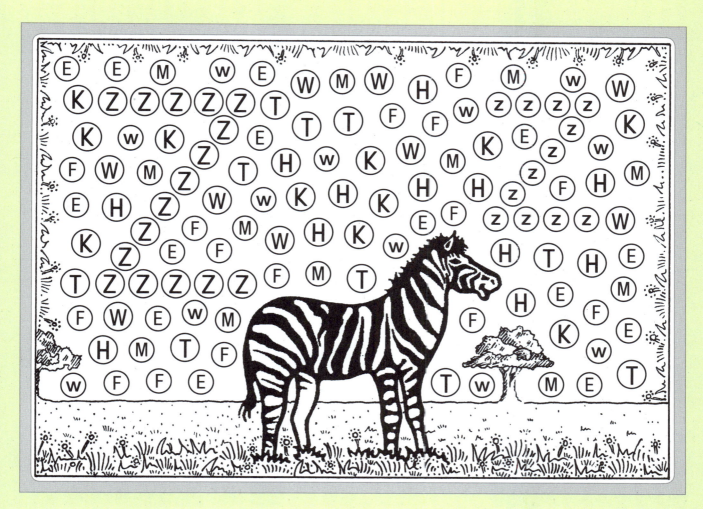

Zz   Zz

Zelt   Zelt

Zaun   Zaun

Pilze   Pilze

Pizza   Pizza

43

G G						G

g g						g

G g						G g

44

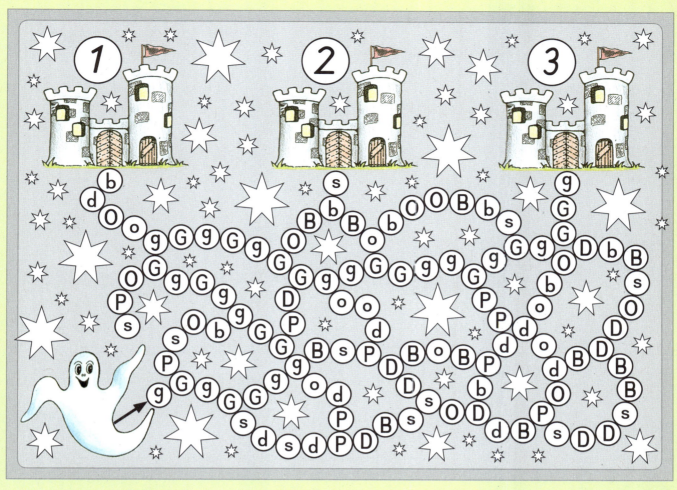

G g　　　　　　　　　　　　　　　　　　　　　　　　G g

Grill　　　　　　　　　　　　　　　　　　　　　　　Grill

Griff　　　　　　　　　　　　　　　　　　　　　　　Griff

Geige　　　　　　　　　　　　　　　　　　　　　　Geige

Auge　　　　　　　　　　　　　　　　　　　　　　Auge

Sch sch

Sch Sch Sch

sch sch sch

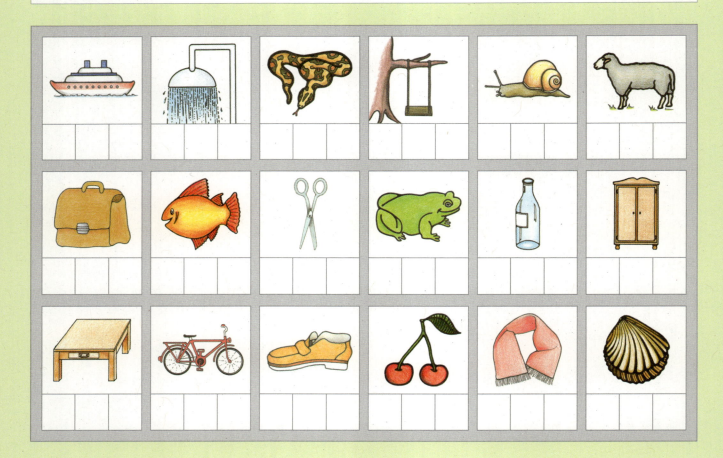

Sch sch Sch sch

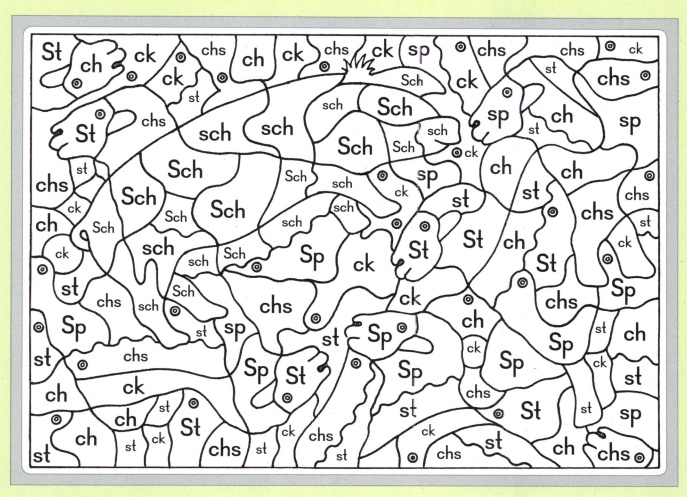

Sch sch   Sch sch

Schaf   Schaf

Schal   Schal

Fisch   Fisch

Tisch   Tisch

47

BB　　　　　　　　　　　　　　　　　　　　　　　　　　B

bb　　　　　　　　　　　　　　　　　　　　　　　　　　b

Bb　　　　　　　　　　　　　　　　　　　　　　　　　Bb

48

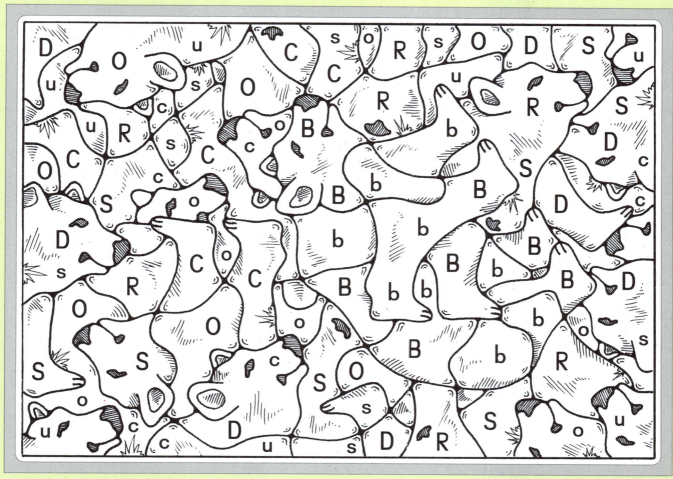

Bb　　　　　　　　　　　　　　　　　　　　　　　　Bb

Ball　　　　　　　　　　　　　　　　　　　　　　　Ball

Brot　　　　　　　　　　　　　　　　　　　　　　　Brot

Rabe　　　　　　　　　　　　　　　　　　　　　　　Rabe

Taube　　　　　　　　　　　　　　　　　　　　　　Taube

ie ie ie

ie ie

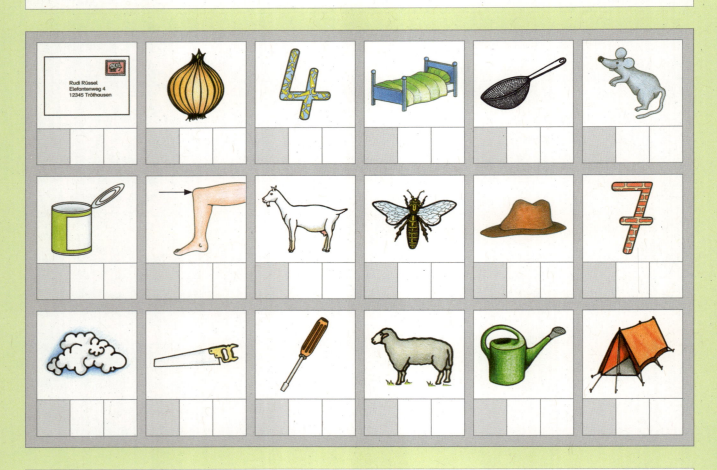

ie ie

50

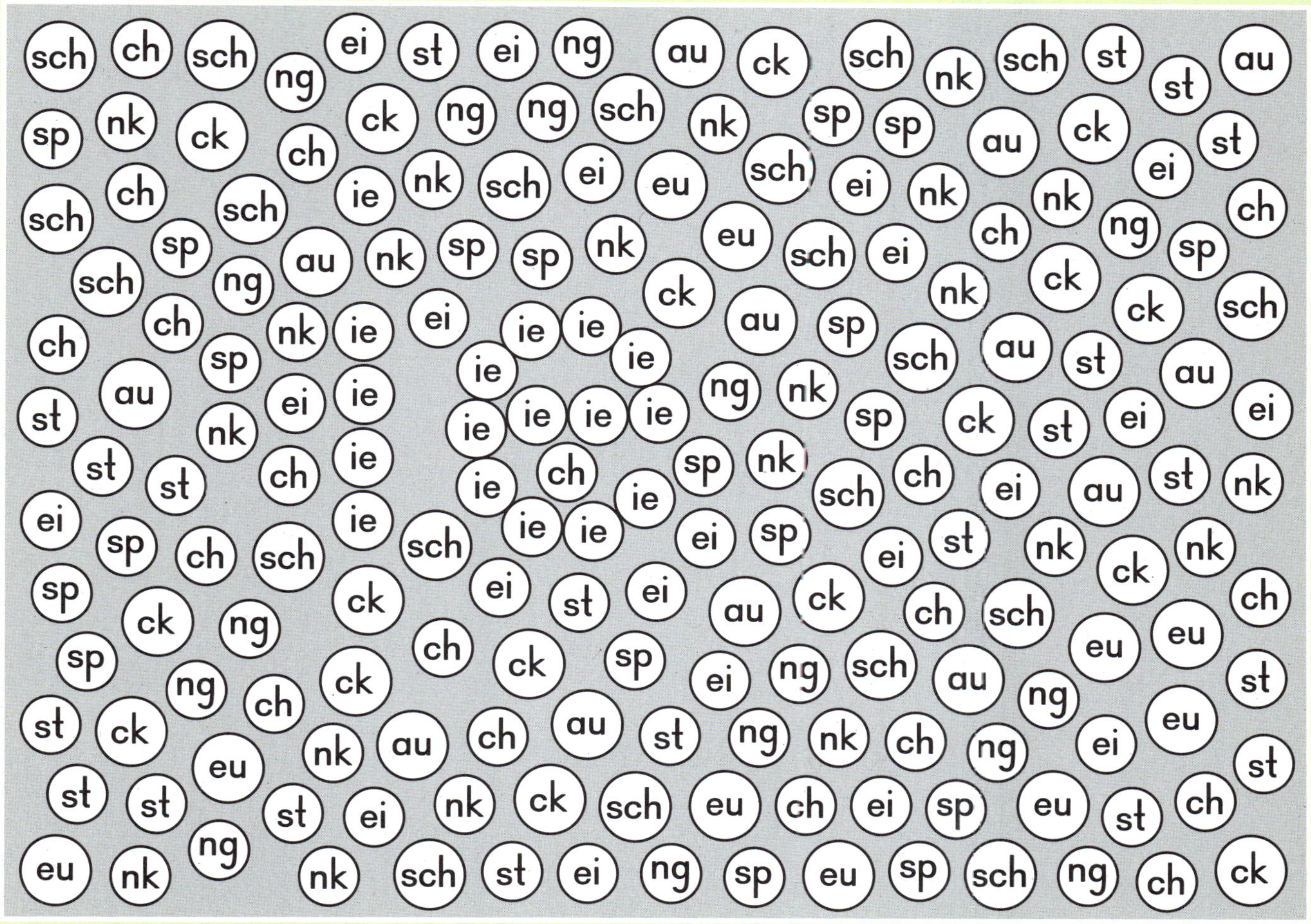

ie ie

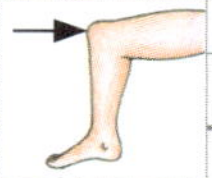
Knie Knie

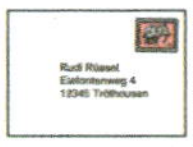
Brief Brief

Liebe Liebe

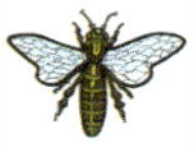
Biene Biene

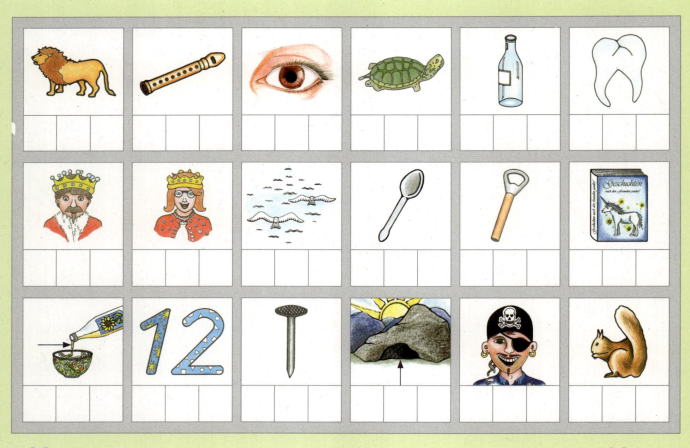

52

Öö　　　　　　　　　　　　　　　　　　　　　　　Öö

Öl　　　　　　　　　　　　　　　　　　　　　　　Öl

Flöte　　　　　　　　　　　　　　　　　　　　　Flöte

Löwe　　　　　　　　　　　　　　　　　　　　　Löwe

Möwe　　　　　　　　　　　　　　　　　　　　　Möwe

53

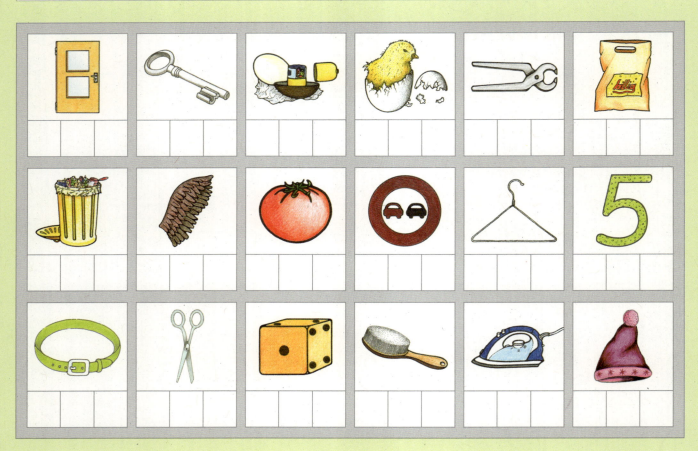

54

Ü ü   Ü ü

Tür   Tür

Tüte   Tüte

Hüte   Hüte

Blüte   Blüte

St St   St

st st   st

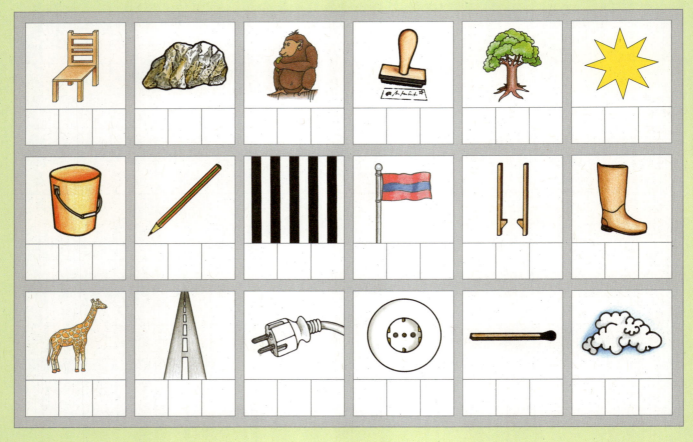

St st   St st

56

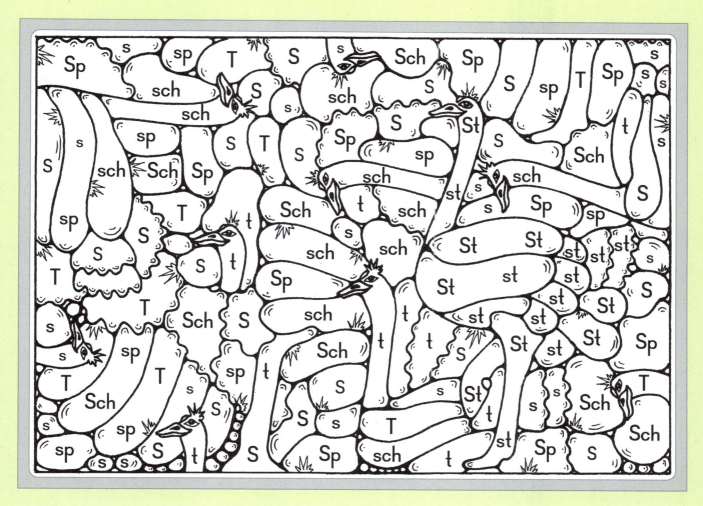

St st   St st

 Stift   Stift

 Stier   Stier

 Stein   Stein

★ Stern   Stern

57

Pf Pf　　　　　　　　　　　　　　　　　　　　　　　　　　　Pf

pf pf　　　　　　　　　　　　　　　　　　　　　　　　　　　pf

Pf pf　　　　　　　　　　　　　　　　　　　　　　　　　　Pf pf

58

Pf pf　　　　　　　　　　　　　　　　　　　　　　　　　Pf pf

Pfeil　　　　　　　　　　　　　　　　　　　　　　　　　Pfeil

Pfau　　　　　　　　　　　　　　　　　　　　　　　　　Pfau

Kopf　　　　　　　　　　　　　　　　　　　　　　　　　Kopf

Zopf　　　　　　　　　　　　　　　　　　　　　　　　　Zopf

59

Eu eu

Eu eu

Eu Eu　　　　　　　　　　　　　　　　　　　　　　Eu

eu eu　　　　　　　　　　　　　　　　　　　　　　eu

Eu eu　　　　　　　　　　　　　　　　　　　　　Eu eu

60

Eu eu　　　　　　　　　　　　　　　　　　　　　　Eu eu

Eule　　　　　　　　　　　　　　　　　　　　　　　Eule

Euro　　　　　　　　　　　　　　　　　　　　　　　Euro

Heu　　　　　　　　　　　　　　　　　　　　　　　Heu

Beule　　　　　　　　　　　　　　　　　　　　　　Beule

61

ng ng ng

ng ng

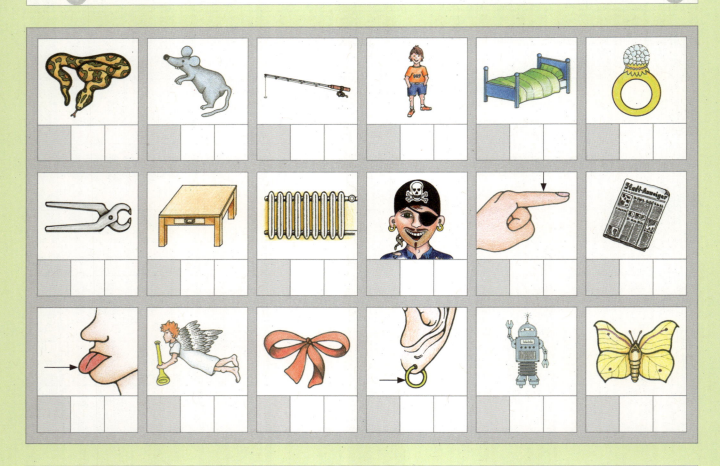

ng ng

62

ng ng

Ring Ring

Engel Engel

Zange Zange

Zunge Zunge

63

Sp Sp — Sp

sp sp — sp

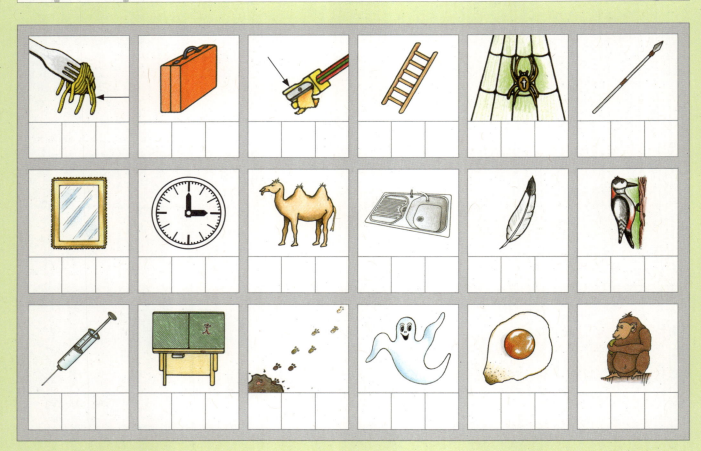

Sp sp — Sp sp

64

Sp sp　　　　　　　　　　　　　　　　　　　　　　　　Sp sp

Spur　　　　　　　　　　　　　　　　　　　　　　　　Spur

Spüle　　　　　　　　　　　　　　　　　　　　　　　Spüle

Spinne　　　　　　　　　　　　　　　　　　　　　　Spinne

Spaten　　　　　　　　　　　　　　　　　　　　　　Spaten

65

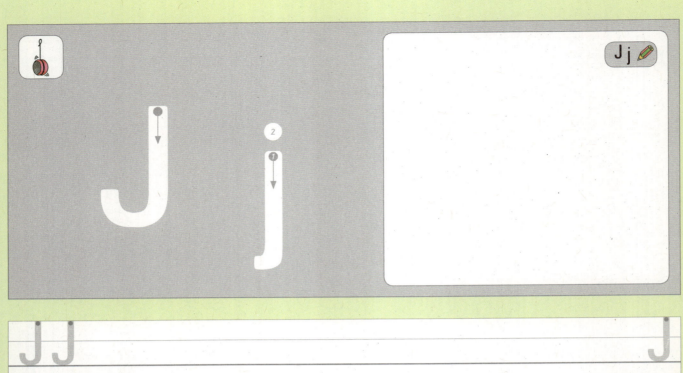

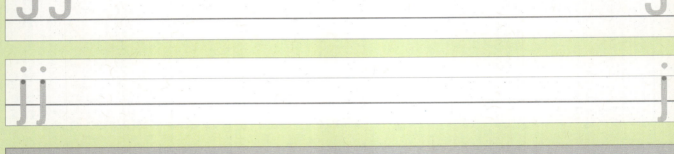

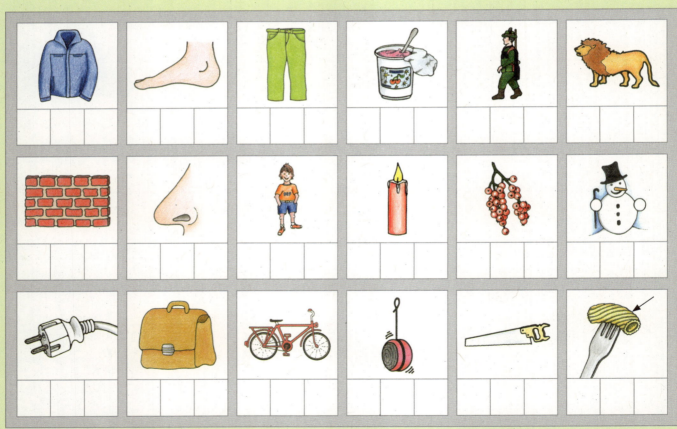

66

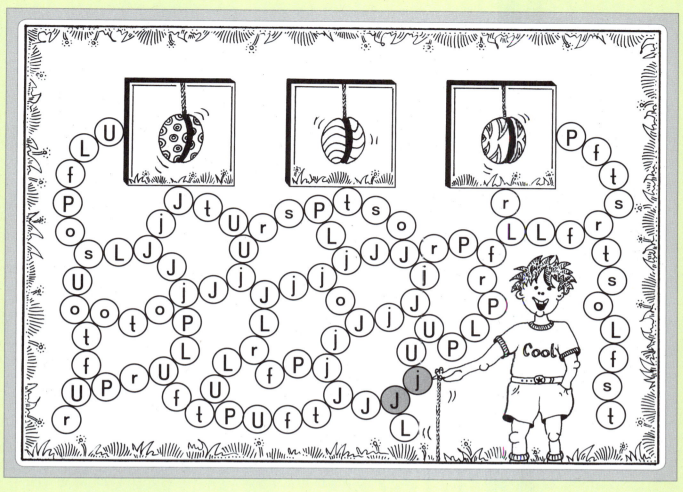

J j　　　　　　　　　　　　　　　　　　　　　　　J j

Juli　　　　　　　　　　　　　　　　　　　　　Juli

Jan　　　　　　　　　　　　　　　　　　　　　Jan

Jana　　　　　　　　　　　　　　　　　　　　Jana

Jo-Jo　　　　　　　　　　　　　　　　　　　Jo-Jo

67

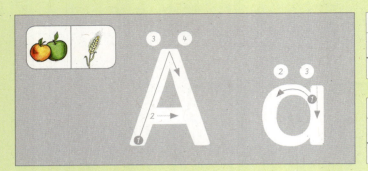

Ä Ä

ä ä

Ä ä　　　　　　　　　　　　　　　Ä ä

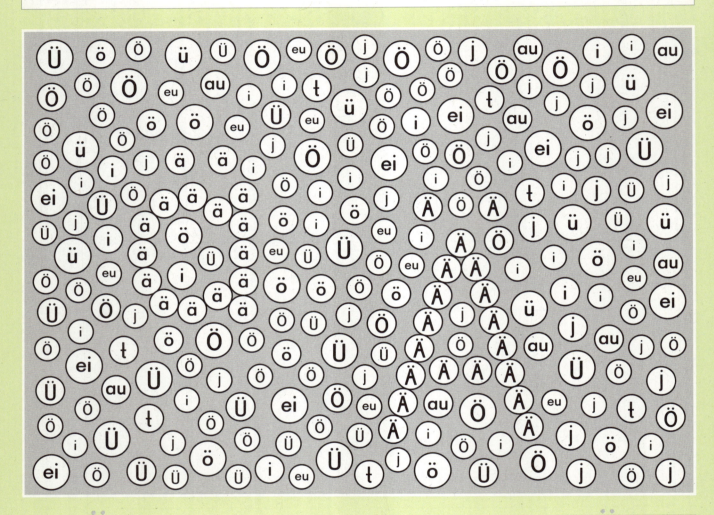

 Äpfel　　　　　　　　　　　　　　Äpfel

 Äste　　　　　　　　　　　　　　　Äste

 Bär　　　　　　　　　　　　　　　　Bär

 Käse　　　　　　　　　　　　　　　Käse

68

Qu Qu

qu qu

Qu qu Qu qu

 Qualle Qualle

 Quelle Quelle

 Qualm Qualm

 Quark Quark

69

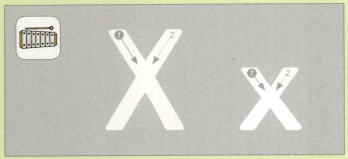

Axt — Axt

Hexe — Hexe

Mixer — Mixer

Boxer — Boxer

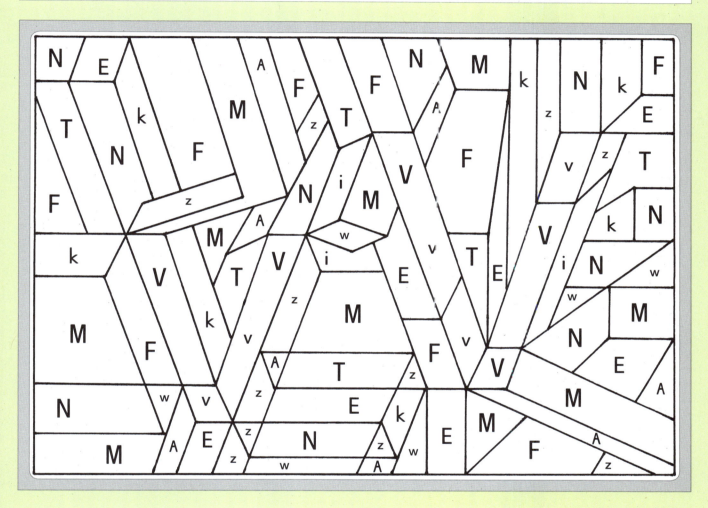

 Vogel — Vogel

 Vater — Vater

 Vase — Vase

 Kurve — Kurve

71

C C
c c

C c　　　　　　　　　　　　　　　　　　　　　　C c

 Comic　　　　　　　　　　　　　　　　　　　Comic

 Cent　　　　　　　　　　　　　　　　　　　　Cent

 Cola　　　　　　　　　　　　　　　　　　　　Cola

 Creme　　　　　　　　　　　　　　　　　　　Creme

72

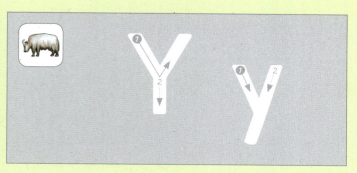

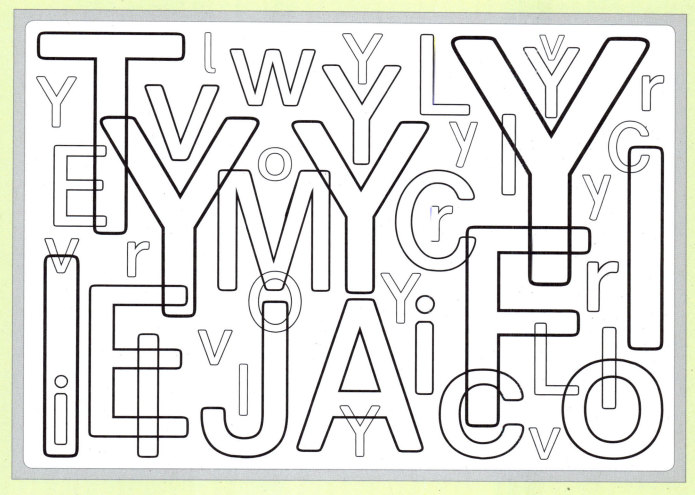

Yak　　　　　　　　　　　　　　　　　　　Yak

Pony　　　　　　　　　　　　　　　　　　Pony

Baby　　　　　　　　　　　　　　　　　　Baby

Teddy　　　　　　　　　　　　　　　　　Teddy

ß | ß
ß | ß
ß | ß

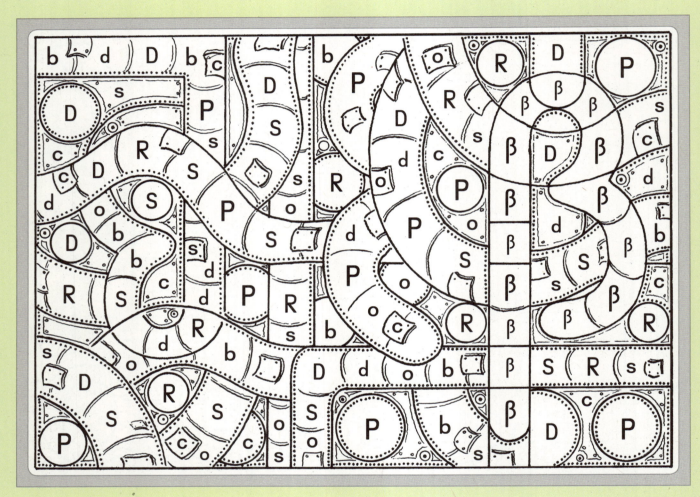

Fuß | Fuß
Floß | Floß
Strauß | Strauß
Straße | Straße

74

chs chs

chs chs

chs chs

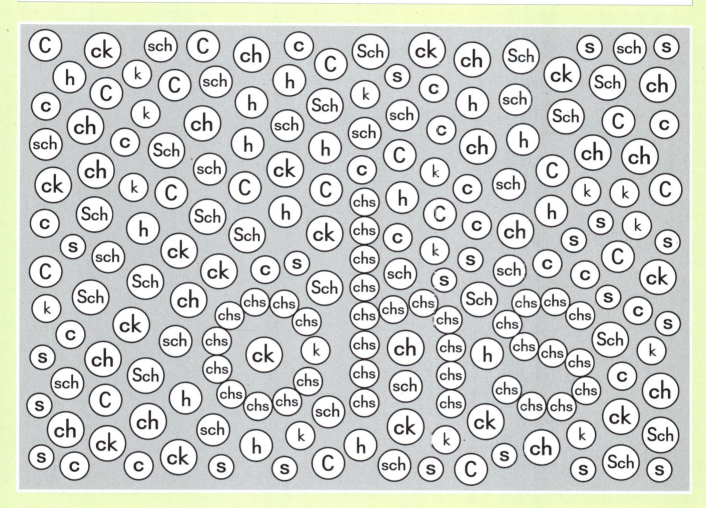

 Fuchs Fuchs

 Dachs Dachs

 Wachs Wachs

 sechs sechs

fertig

✓ fertig　　　　　　　　　　　fertig